La ficha que no

encajaba:

descubriendo tu

singularidad

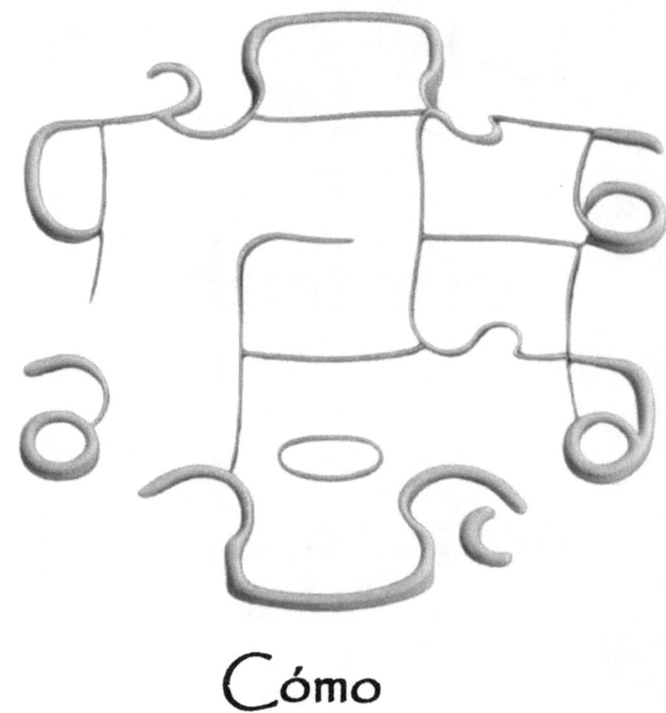

Cómo

encontrar **tu lugar**

en **el mundo**

Índice

1. La ficha que no encajaba: descubriendo tu singularidad.

2. La búsqueda de la aceptación: ¿por qué sentirse diferente puede ser difícil?

3. ¿Por qué encajar en el molde? Abrazando tu autenticidad.

4. La soledad: cómo estar solo puede ser valioso.

5. El poder de la elección: seleccionar relaciones y amistades que te apoyen.

Agradecimientos

Cuando tu camino en la vida se ha caracterizado por la soledad y la incomprensión de las personas, incluyendo las personas que sabes que te aman pero que no te comprenden, en el momento en que encuentras a alguien que sabes que te ama y TE COMPRENDE, tu lo abrazas con el alma y tu corazón se llena de agradecimiento, por lo tanto, **mi agradecimiento** es para mi esposa y mi hijo, que siempre han sabido comprenderme y apoyarme.

Dedicatoria

Apoyar a alguien cuando le entiendes resulta ser menos complejo que cuando no lo entiendes y cuando has visto a esa persona caer una y otra vez, y más complejo es si conoces cada uno de sus defectos y has tenido que corregirlo.

Ahora, apoyar esa persona resulta algo contradictorio, pero si decides apoyarla es unicamente por un amor incondicional, y **el amor más incondicional del mundo es de los padres**, por lo tanto, dedico este libro a mis padres, que aunque no me entienden y me comprenden, están ahí siempre para apoyarme. Siempre noto en ellos ese deseo de verme triunfar y por eso, cada triunfo en mi vida es en honor a ellos.

Mensaje del autor

He sentido esa sensación de aislamiento y de no pertenecer a ningún lugar. Yo sé lo que se siente ser la ficha sobrante del rompecabezas, la pieza que sobra, alguien que se siente fuera de lugar en una sociedad que valora la conformidad por encima de la individualidad. Yo era infeliz y preferí estar solo o rodeado de pocas personas que estar en un lugar al que no pertenecía, lugares que no me aceptaban tal y como soy.

En ciertos momentos sacrifiqué mi paz mental por ser aceptado y te digo con toda sinceridad: es una muy, pero muy mala idea. **Quiero que sepas que en ti, hay alguien especial, único e irrepetible.** Es importante es que tú lo entiendas, así nadie más lo haga.

A través de estas líneas, quiero compartir contigo algunas ideas y pensamientos que me han dado paz mental y me han ayudado a encontrar mi lugar en el mundo, aunque sigo siendo alguien que no encaja. Espero que puedas entenderlas, aplicarlas a tu vida y, sobre todo, **aprendes a amarte tal y como eres a través de tu singularidad**, porque eso te dará paz mental y es lo que te hará encontrar la verdadera felicidad en la vida.

Únete a mí en este viaje de autodescubrimiento para abrazar nuestra singularidad y encontrar nuestro lugar en el mundo.

Introducción

¿Alguna vez te has sentido como si fueras la ficha que nunca encajaba en el rompecabezas de la vida? ¿Como si todos a tu alrededor parecieran encajar perfectamente en sus roles y relaciones, mientras que tú te sientes como un extraño en tu propio mundo? Si es así,

no estás solo. Muchas personas hemos experimentado este sentimiento de no encajar, de ser diferentes o inadaptados de alguna manera.

Pero aquí está la verdad: **Ser diferente no es algo de lo que debas avergonzarte**. De hecho, puede ser una de tus mayores fortalezas. La clave está en aprender a abrazar tu singularidad y descubrir cómo puedes utilizarla para hacer una diferencia positiva en el mundo y sobre todo, en tu mundo, tu maravilloso mundo interior.

Este libro es para aquellos que se han sentido fuera de lugar, desplazados o incomprendidos. En estas páginas, exploraremos juntos las razones detrás de por qué no encajamos, cómo encontrar lugares donde podemos encajar, el valor de estar solo y elegir relaciones de calidad.

Así que, si alguna vez has sentido que

no encajas en el molde, te invito a unirte

a mí en este viaje de autoexploración y

autodescubrimiento. Juntos, podemos

aprender a abrazar nuestra singularidad

y encontrar nuestro lugar en el mundo.

Capítulo 1

La ficha que no encajaba: descubriendo tu singularidad

Si estás acá, es probable que te hayas sentido alguna vez como si no encajaras en la sociedad o tal vez sientes que tus intereses, personalidad o forma de pensar no son los mismos que los de las personas que te rodean, y eso te hace sentir diferente, aislado o incomprendido. Bueno, déjame decirte algo: no estás solo. Muchas personas hemos sentido lo mismo que tú, y muchas hemos logrado superarlo y encontrar nuestro lugar en el mundo. **Quiero ayudarte a descubrir tu singularidad** y a aprender a valorarla como una fortaleza en vez de una debilidad.

Primero, quiero que pienses en algo:

¿Cuál es tu pasión?

¿Qué es lo que te hace sentir realmente vivo y emocionado?

Tal vez sea algo que no está muy bien visto por los demás, como coleccionar objetos, insectos, hacer malabares con pelotas, o tal vez sea algo más común pero que a ti te apasiona de una manera especial, como tocar el piano o escribir poesía, tan característico de una persona sensible. Quiero que pienses en ello por un momento y trata de recordar cómo te sientes cuando lo haces. **¿Te sientes realizado? ¿Te sientes como si estuvieras en tu** elemento? Esa sensación es la clave para descubrir tu singularidad.

Antes de continuar ¿qué es la singularidad? Es simplemente aquello que nos hace únicos, diferentes a todas las demás personas del mundo. Te diré una verdad: todos tenemos algo que nos hace singulares. Puede que no sea evidente a simple vista, pero está ahí, esperando a ser descubierto. El descubrimiento puede darse de manera natural, como cuando nos damos cuenta de que somos buenos en algo que a los demás les cuesta mucho trabajo, o cuando descubrimos un nuevo interés que nos apasiona. Otras veces, necesitamos un poco de ayuda, especialmente si nos hemos sentido marginados o incomprendidos por mucho tiempo.

Si te sientes así, quiero que sepas que no hay nada malo en ti. **Ahora te diré** una mentira: para ser aceptados **debemos ser como los demás**. La verdad es que la diversidad es una de las mayores riquezas de la humanidad, y si todos fuéramos iguales, el mundo sería un lugar muy aburrido.

Ahora bien, descubrir nuestra singularidad puede ser un proceso largo y a veces difícil, pero aquí te dejo algunas preguntas que puedes hacerte para empezar:

¿Qué es lo que te apasiona de verdad?

¿Qué te hace sentir más vivo?

¿Qué te distingue de los demás?

¿Qué habilidades o talentos tienes que

los demás no tienen?

¿Qué experiencias has tenido que te han hecho ver el mundo de manera diferente?

¡ALTO!

No pases de largo, en serio ¿**te tomaste el tiempo de responder estas preguntas?** Tomarte el tiempo de responderlas son la clave para tu autodescubrimiento y te llenaran de vida. No quiero que leas mi libro, **quiero que te leas a ti, que te descubras.**

Recuerda que no hay respuestas correctas o incorrectas a estas preguntas, y que no es necesario que tengas todas las respuestas de inmediato. Lo importante es empezar a reflexionar sobre lo que nos hace únicos y aprender a valorarlo como una parte importante de nuestra identidad.

Otro aspecto importante es aprender a aceptarnos tal como somos. Muchas veces, nos juzgamos a nosotros mismos con mucha dureza, y eso nos impide aceptar nuestra singularidad. **Es importante recordar que no hay nada malo en ser diferente**, y que todos tenemos cosas que podemos mejorar, pero eso no significa que debamos cambiar nuestra esencia. Aprender a aceptarnos tal como somos es un proceso importante para nuestra autoestima y nuestro bienestar emocional.

Por último, quiero que recuerdes que no estás solo en este proceso. Hay muchas personas que se sienten como tú, y hay comunidades y grupos en los que puedes encontrar apoyo y comprensión.

Piensa que en estos momentos, muchas personas también están leyendo estás líneas y reflexionando como tú. También piensa en mi, alguien que un tiempo atrás **escribió esto pensando en ti** y soñando en poder ayudarte a ti y a otras personas.

No tengas miedo de buscar ayuda si lo necesitas, y no te sientas avergonzado por ser diferente. La singularidad es algo que nos hace especiales y únicos, y es algo que debemos aprender a valorar y a compartir con el mundo.

Ya has dado el primer paso hacia ese descubrimiento, y eso es algo que debes sentirte orgulloso de ti mismo. **¡Ánimo, y sigue adelante en este camino de autodescubrimiento y crecimiento personal!**

Capítulo 2

La búsqueda de la aceptación: por qué sentirse diferente puede ser difícil

Uno de los puntos claves es lo que a sociedad nos ha enseñado, de que **hay ciertas normas y expectativas que debemos cumplir para ser aceptados, pero ¿es eso cierto?** Esto nos lo enseñan en nuestro hogar, el colegio, la televisión, la publicidad. Todo el tiempo se nos dice cómo nos debemos comportar, hablar, vestir, incluso nos dicen cómo nos debemos sentir ignorando nuestra individualidad.

La mayoría de las personas intentan encajar en estas expectativas, pero para aquellos que somos diferentes, esto puede ser una tarea muy difícil, porque es negarnos a nuestro ser.

Sentirse diferente puede ser una experiencia dolorosa y solitaria. Es fácil caer en la trampa de compararse con los demás y sentirse inferior o no suficientemente bueno. Es posible que te preguntes por qué no puedes ser más como otras personas, por qué no puedes encajar en los moldes que la sociedad ha creado. Vale la pena que te hagas la pregunta **¿quién inventó esos moldes y para qué?** Investiga un poco y te darás cuenta de la manipulación y de cómo somos tratados como mercancía.

Pero aquí está la verdad: la mayoría de las personas se sienten diferentes en algún momento de sus vidas. **Todos tenemos nuestras propias luchas y dificultades.** Es difícil hablar de esto porque desde el inicio uno concluye que no va a ser comprendido.

La aceptación puede ser difícil de alcanzar cuando te sientes diferente, pero es importante recordar que no necesitas ser aceptado por todos. **No es necesario que encajes en todas las normas y expectativas que te rodean.** De hecho, abrazar tu singularidad y ser auténtico puede ser lo que te haga destacar y ser verdaderamente feliz.

La clave para encontrar la aceptación es aprender a aceptarte a ti mismo primero. **Aprender a amarte a ti mismo, incluyendo tus diferencias, es el primer paso hacia la aceptación de los demás.**

La autoaceptación te dará la confianza y la seguridad para ser fiel a ti mismo y encontrar tu lugar en el mundo.

Es importante recordar que eres una persona única e irrepetible. Tu singularidad es lo que te hace especial y valioso. En lugar de tratar de encajar en las expectativas de los demás, es mejor encontrar lo que te hace feliz y trabajar en desarrollar tus fortalezas y habilidades únicas.

Capítulo 3

¿Por qué encajar en el molde?

Abrazando tu autenticidad

Cada uno de nosotros es único y tenemos nuestra propia historia, personalidad y forma de ver el mundo.

Debemos escapar a lo que impone la sociedad, el mercado o quien sea. **Abrazar nuestra autenticidad es clave para vivir una vida plena y satisfactoria.** Al ser auténticos, podemos conectarnos con nuestras verdaderas necesidades y deseos, y trabajar en lograrlos de manera efectiva.

Aparentemente es más fácil seguir los patrones establecidos y encajar en los moldes que otros han creado para nosotros. Es difícil ser diferente y enfrentarse a las críticas y juicios de los demás. **Pero lo que es aún más difícil es vivir una vida sin pasión, sin propósito y sin sentido.**

Por cierto ¿qué significa ser auténticos? **Ser auténtico significa ser fiel a uno mismo**, a pesar de las dificultades y los desafíos. Significa aceptar nuestras fortalezas y debilidades, y trabajar en desarrollar nuestra verdadera esencia.

No importa cuán diferentes o inusuales puedan ser nuestros intereses y pasiones, son una parte esencial de lo que nos hace quienes somos.

Es importante recordar que ser auténtico no significa ser perfecto. Todos cometemos errores y tenemos nuestras propias limitaciones, pero lo que importa es la intención de ser verdaderos y honestos con nosotros mismos. De alguna manera te encuentras en una encrucijada y la vida es incierta, pero **qué prefieres**: equivocarte porque otros decidieron por ti o equivocarte por tus propias decisiones. No soy la persona que debe decirte qué hacer con tu vida, yo te cuento lo que yo hice con la mía: **decidí tomar mis propias decisiones, porque al final, soy yo quien debe asumir las consecuencias.**

¿Cuántas cosas en tu vida te has perdido por encajar? ¿cuántos años has vivido la vida de otros y no la tuya? Si aun no te has dado tu lugar ¿cuándo te lo vas a dar? Es mejor encontrar nuestro propio camino y ser fieles a nosotros mismos.

Lo que debes entender es que, al tratar de encajar en el molde, estás limitando tu potencial y tu felicidad. **Cuando te esfuerzas por ser alguien que no eres, estás renunciando a la oportunidad de desarrollar todo tu potencial y habilidades únicas.**

Todos somos diferentes, y eso es algo que debemos celebrar. Tu singularidad es lo que te hace especial, y es lo que te permite contribuir de manera única al mundo. Cuando abrazas tu autenticidad, te das la libertad de explorar tus verdaderos intereses y pasiones, lo que te permite alcanzar tus objetivos y metas de manera más satisfactoria.

No dejes que el miedo al rechazo te impida ser auténtico. La verdad es que, aunque algunas personas pueden no entender o aceptar tu autenticidad, hay muchas más que sí lo harán. **Al ser fiel a ti mismo, atraerás a las personas adecuadas a tu vida y construirás relaciones más auténticas y significativas.**

Recuerda, no hay nadie más como tú en este mundo. Eres único y valioso, y tu autenticidad es algo que debes abrazar y celebrar. No te limites a ti mismo tratando de encajar en un molde que no te pertenece. En lugar de eso, aprende a amarte a ti mismo tal y como eres, y trabaja en desarrollar tu verdadero potencial.

Al final, encontrarás la felicidad y la satisfacción que buscas cuando te das la libertad de ser auténtico y de vivir la vida de acuerdo con tus propias reglas. **No te rindas a la presión social de**

encajar en el molde. En su lugar, abraza tu autenticidad y descubre todo lo que tienes que ofrecer al mundo.

Abrazar nuestra autenticidad es clave para vivir una vida plena y satisfactoria. Aunque puede ser difícil enfrentar los juicios y críticas de los demás, ser auténtico significa ser fiel a uno mismo y aceptar nuestras fortalezas y debilidades. Todos somos diferentes y únicos, y es mejor encontrar nuestro propio camino en lugar de tratar de encajar en los moldes de la sociedad.

Capítulo 4

La soledad:

cómo estar solo

puede

ser valioso

La soledad es un tema que a menudo se asocia con emociones negativas, como la tristeza o el aburrimiento. Pero, ¿y si te dijera que estar solo también puede ser una experiencia valiosa y enriquecedora?

En nuestra sociedad, estamos constantemente rodeados de ruido y distracciones. Nos bombardean con mensajes de medios sociales y publicidad, lo que a veces puede ser abrumador. A menudo, nos olvidamos de la importancia de la tranquilidad y de pasar tiempo a solas.

¿Has observado cómo los teléfonos inteligentes nos impiden estar solos? Cuando no tenemos personas a nuestro alrededor y podemos escucharnos a nosotros mismos, tomamos el teléfono y no nos escuchamos. Es importante que aproveches estos espacios para dedicarlos a tus propios pensamientos y actividades que enriquecen tu vida.

Cuando te tomas un tiempo para estar solo, puedes experimentar una sensación de libertad. Tienes la oportunidad de hacer lo que realmente te gusta, sin preocuparte por la aprobación o los juicios de los demás. Esto te permite profundizar en tu autoconocimiento y descubrir más sobre ti mismo.

Además, la soledad puede ser un momento para reflexionar y procesar tus pensamientos y sentimientos. En lugar de distraerte, puedes sintonizar tus emociones y aprender a manejarlas de una manera más saludable.

Es cierto que la soledad también puede ser una experiencia difícil, especialmente cuando estás pasando por un momento complicado en la vida. Sin embargo, la soledad puede ser una elección consciente para mejorar tu bienestar emocional.

La soledad es una parte natural de la vida y, aunque puede ser incómoda, también puede ser valiosa. En nuestra cultura, a menudo se considera que estar solo es algo malo, y por la tanto debes evitarla a toda costa.

Hay una soledad se puede experimentar como un sentimiento de aislamiento, una sensación de desconexión de los demás. Puede ser una experiencia dolorosa y solitaria. Por otro lado, también representa simplemente estar solo, sin la necesidad de sentirse desconectado de los demás.

Además, estar solo también puede ser una oportunidad para desarrollar nuestra creatividad y pasatiempos. A menudo, cuando estamos ocupados y rodeados de otras personas, no encontramos el tiempo para explorar nuestros propios intereses y pasatiempos. La soledad puede proporcionar el tiempo y la energía para dedicarnos a nuestras pasiones y talentos.

Pero, ¿cómo podemos aprender a disfrutar de la soledad y evitar sentirnos solos? Una manera es aprender a estar cómodos con nosotros mismos y nuestras propias compañías. Esto significa aprender a valorar y cuidar de nosotros mismos y nuestras necesidades.

Además, es importante recordar que la soledad no tiene que ser una experiencia a largo plazo. Es algo que podemos disfrutar por un corto período de tiempo y luego volver a conectarnos con los demás. **La clave es encontrar un equilibrio entre la soledad y la conexión con los demás.**

Capítulo 5

El poder de la elección: seleccionar relaciones y amistades que te apoyen

¿Qué papel juegan las relaciones en nuestra vida? ¿Qué efecto tienen en nuestra vida? Las relaciones y amistades son una parte importante de nuestra vida. **Nos brindan apoyo emocional, nos ayudan a crecer y nos proporcionan una sensación de conexión con los demás.** Pero ¿Todas las relaciones son iguales, y no todas son beneficiosas para nosotros?

Es importante entender que tenemos el poder de elegir a quiénes permitimos en nuestras vidas. Si somos observadores, nos daremos cuenta que no todas las personas que conocemos serán positivas o contribuirán a nuestro bienestar. Al **elegir cuidadosamente nuestras relaciones y amistades**, podemos asegurarnos de rodearnos de personas que nos apoyen y nos animen a ser lo mejor que podemos ser.

Es importante elegir relaciones y amistades que sean **mutuamente beneficiosas** y que nos permitan crecer juntos. Las relaciones unidireccionales, en las que una persona da todo y la otra toma todo, pueden ser tóxicas y agotadoras. Debes tener en cuenta que tenemos un rol de aportar a los demás, sin caer en la trampa de sentir que debemos darle más a las demás personas o que ellas quedan con una deuda con nosotros. **Ahí es donde es importante la autenticidad, dar libremente y dar lo mejor de nosotros y recibir lo mejor de los demás.**

También es importante reconocer cuándo es el momento de dejar ir relaciones que ya no son saludables o que nos impiden avanzar. Hay relaciones que serán buenas durante cortos periodos de tiempo, mientras que otras podrán mantenerse a lo largo de nuestras vidas.

La elección de nuestras relaciones y amistades también puede afectar nuestra autoestima y confianza. Las personas con las que pasamos tiempo pueden influir en cómo nos sentimos acerca de nosotros mismos. **Al elegir relaciones y amistades que nos apoyen y valoren nuestra autenticidad, podemos sentirnos más seguros y seguras de nosotros mismos.**

Sin embargo, también es importante reconocer que nuestras elecciones pueden no ser siempre perfectas. A veces nos equivocamos y nos encontramos en relaciones o amistades que no son saludables para nosotros. Pero incluso en esas situaciones, tenemos el poder de elegir cómo manejamos esas relaciones y cómo nos permitimos crecer a través de ellas.

No todas las relaciones son iguales, cada una se caracteriza por algo en particular y nos enriquece la vida de diferentes maneras. Piensa en las relaciones que consideras más valiosas y podrás notar que unas te hacen reír, otras llorar. Hay quienes con palabras dulces te llenan de paz y otras con mucha seriedad te ponen los pies sobre la tierra. Valora todo esto porque hacen de tu mundo un lugar más feliz. Te pido que por favor te tienes un tiempo y pienses en estas personas porque es momento de agradecerles.

Al seleccionar relaciones y amistades, es importante buscar personas que nos apoyen y nos hagan sentir bien. Las personas que nos aceptan tal como somos, con nuestras fortalezas y debilidades. Las personas que nos hacen sentir valorados y respetados.

¿Y las malas relaciones qué? En ocasiones puede ser difícil reconocer cuándo una relación o amistad es tóxica.

La toxicidad puede ser sutil y puede tardar en manifestarse. Es importante prestar atención a cómo nos sentimos en presencia de la otra persona y cómo nos afecta su comportamiento.

Si nos damos cuenta de que una relación o amistad es tóxica, **es importante establecer límites saludables.** A veces esto puede significar distanciarnos de la persona o incluso terminar la relación. Seamos claros, no es fácil distanciarse o cortar con una relación, pero lo importante no es elegir el camino más fácil, **debemos elegir el**

camino correcto priorizando nuestra propia salud mental y emocional.

Al elegir relaciones y amistades, también es importante tener en cuenta nuestras propias necesidades y deseos. Es fácil perderse en la necesidad de complacer a los demás y olvidarnos de nosotros mismos. Pero es importante recordar que nuestras propias necesidades son igualmente importantes.

Quiero que te grabes esto en el corazón: eres tú quien mejor debe tratarse, debes ser para tí mismo ese ser humano que te ama, que te escucha, que te acepta, que te cuida, te valora y te inspira.

Palabras finales

Al llegar al final de este libro, me doy cuenta de que aún hay muchos temas por explorar y profundizar. Por lo tanto, **me comprometo a seguir escribiendo y compartiendo mis aprendizajes contigo.**

Espero que estas páginas hayan sido útiles para ti, así como lo fueron para mí. A través de la escritura y la reflexión, pude aclarar mis pensamientos y sentimientos para poder plasmarlo en estas páginas.

Gracias por leer "La ficha que no encajaba". Espero que esta obra te haya inspirado y motivado a continuar buscando tu camino y tu propósito en la vida **dándote ese lugar a ti mismo.**

¡Hasta pronto!